D'UNE FAMILLE ÉPLORÉE

# MAXIMES ET PENSÉES

DE

## ALFRED ROHART

décédé le 20 Mars 1866, dans sa 22me année

## DÉTAILS SUR SES DERNIERS MOMENTS.

## DÉDIÉ A SES AMIS

REIMS

*Imprimerie de P. Dubois et Cie, rue Pluche*

M D C C C L X V I

*Je n'ai rassemblé ces notes et exhumé ces tristes souvenirs qu'afin de montrer aux amis d'Alfred ce qu'il y avait en lui, ce qu'il a été à ses derniers moments, ce qu'il promettait d'être un jour, et tout ce que j'ai perdu en le perdant.*

*Je n'accomplis ce dernier et bien pieux devoir que dans l'espérance de faire vivre plus longtemps le souvenir de mon dernier enfant dans le cœur de tous ceux qui l'ont connu. C'est la seule consolation qui me reste et en laquelle j'espère.*

*Je n'ai rien de mon pauvre Georges, que les souvenirs si doux et si affectueux de son cœur.*

*Le premier allait être un homme ; le second n'était encore qu'un enfant.*

Requiem æternam dona eis, Domine ;
Et lux perpetua luceat eis.

12 Avril 1866.

F. ROHART.

# MAXIMES ET PENSÉES

DE

## ALFRED ROHART

Décédé le 20 Mars 1865, dans sa vingt-deuxième année.

--- o ꞬꝶꞬ o ---

### DÉTAILS SUR SES DERNIERS MOMENTS

Dédié à ses Amis.

Les papiers et correspondances d'Alfred desquels j'ai extrait tout ce qui va suivre, ont été retrouvés classés par lui avec un soin extrême. Le même esprit d'ordre se révélait en tout, jusque dans les plus petites choses, mais notamment dans ses cahiers d'étude, et surtout dans son laboratoire qu'il aimait tant. Tout y est toujours resté rangé méthodiquement, avec une délicatesse particulière qui témoignait d'une qualité toujours précieuse, développée à l'école des plus grands maîtres, dont il aimait à parler souvent. Il avait le culte des souvenirs. Tout ce qui lui rappelait un ami lui était cher.

*Christiania, Avril 1865.*

J'aime les noms de tous ceux qui me rappellent les personnes que j'aime.

L'étude des sciences en général, et de la chimie en particulier, forme le but de ma vie.

La littérature, la peinture et la musique sont la source de mes amusements les plus chers et de mes plus belles satisfactions.

J'admire toujours Alexandre, César et Napoléon.

Je déteste de grand cœur Néron.

Je n'ai aucun écrivain ni poète favori, mais j'aime tous ceux qui, sous des formes gracieuses et diverses, savent présenter clairement à l'esprit le beau, le vrai et le bien, dont l'union forme toujours une œuvre complète.

J'aime le compositeur qui, sans négliger les formes, sait conserver l'idée et peindre un grand sentiment, une grande chose.

Tous les arts se touchent et sont régis par les mêmes lois.

Comme œuvres musicales types, je préfère cependant *Don Juan*, *Obéron* et *les Huguenots*, car il serait difficile de ne pas comprendre combien sont riches l'harmonie et la forme qui distinguent ces compositions. L'idée en est grande, et mille sentiments divers viennent frapper l'esprit. C'est la poésie agréable et la philosophie profane unies ensemble et formant un tout complet, plein de vie et de vérité. C'est aussi, si l'on veut, l'école italienne riche en couleurs et en formes gracieuses, et l'école allemande où la pensée domine.

Ce que je désire le plus, c'est la sagesse et le bonheur.

La chose la plus parfaite de la terre, c'est la terre elle-même et la loi qui régit son mouvement.

Il y a plusieurs genres de beautés, mais en réalité il n'y a qu'une sorte de beau. Les philosophes sont souvent en désaccord sur ce point, mais Platon et Socrate me semblent avoir résolu le problème.

Pour remonter moins haut, on peut dire avec Spinosa que le beau, c'est Dieu. La raison, la voici : c'est que Dieu est un être parfait et que rien n'est plus beau que ce qui est parfait.

Ce que je crains le plus, c'est la voix intérieure qui crie au fond de l'âme, ou autrement dit de la conscience, après une mauvaise action.

Ce qui me rappelle le plus les joies de mon enfance, c'est le son de la cloche du village qui salua mon entrée dans le monde, les bois, le frais ruisseau et la campagne fleurie témoins de mes premiers jeux.

Toute mon admiration est pour le travail qui élève les hommes si haut et l'amitié qui les unit.

Telle est ma devise.

ALF. ROHART.

# MAXIMES & PENSÉES

(Tel est le titre d'un petit carnet, non rempli, sans date, mais qui doit remonter à 1863 ou 1864..... J'ai senti là quelque chose qui vivait !...)

Il y a des choses tellement vraies qu'il faut se contenter de les penser, car, en les exprimant, elles ne sont point comprises par la plupart des hommes.

$\dagger$

Quand quelqu'un s'est trompé, je voudrais qu'avant de le juger et de le condamner, on considérât et que l'on pesât davantage ses intentions.

$\dagger$

Le travail particulier et tout intérieur qui nous aide à corriger nos défauts est assurément bien rude, et cependant il est bien peu apprécié de ceux des hommes qui ne sont habitués à juger de la valeur des choses que par la somme de travail fait, matériellement parlant.

Mieux vaut désirer la pitié et le dédain que l'estime des malhonnêtes gens.

L'estime d'un malhonnête homme ou d'un sot corrompt souvent celui qui en est l'objet.

On doit aimer l'estime des gens de bien, mais sans en être fier ; l'orgueil y perdrait ce que la modestie pourrait y gagner.

Il est toujours blâmable d'accomplir son devoir et de faire le bien en vue de mériter les louanges d'autrui.

Quand on est franc, on n'aime pas sauver ses actions par des apparences, mais alors les hommes superficiels vous apprécient moins. Heureux encore quand on n'est pas en butte à leur médisance. Il faut, dans ce cas, se rappeler cette belle parole de l'Ecriture : Pardonnez-leur, car ils ne savent ce qu'ils font.

La raison n'est qu'un sage guide des facultés qui sont en nous.

Quand on se connaît bien, on a du mal à haïr les autres.

J'ai pu remarquer que les hommes de peu d'esprit qui sont regardés dans la société comme appartenant à la classe inférieure sont souvent ceux qui apprécient le mieux les choses, car ils jugent sans orgueil.

✝

Quand vous faites le bien en silence , on n'en parle pas ;
si vous en parlez, on critique.

Pour être d'un commerce facile avec les hommes, il ne
faut que voir ses propres défauts, s'en corriger et ne pas
apercevoir ceux d'autrui.

Plus un homme a d'orgueil, plus il est choqué d'en voir
chez les autres.

Souvent les hommes ne s'améliorent pas par amour du bien,
mais seulement parce que quelque intérêt les y pousse.

On a souvent de bonnes qualités malgré soi.

Les penchants naturels développent en nous les excès que
le peu de raison a laissé germer.

Sous prétexte de changer le cours d'une bonne existence,
mais trop réglée, on prend, sans s'en douter, petit à petit,
de mauvaises habitudes. Il est bien rare que les exigences
de la nature ne portent point l'homme au-delà des limites
de la raison.

Dans chacune de nos actions se peint notre misère humaine.

La vérité unie au beau nous fait aimer le bien.

✝

L'instinct porte à faire ce que la raison condamne.

✝

Ce que nous aimons davantage est souvent ce que nous avons le plus détesté.

✝

Les faux amis flattent notre orgueil et nos passions.

✝

Le mérite et l'estime ne doivent être que la récompense accordée à l'honnête homme.

✝

Les choses les meilleures sont souvent gâtées lorsqu'elles sont mises entre les mains des hommes.

✝

Il est bien regrettable de voir si souvent les hommes se tromper. Cela nous apprend à excuser trop facilement nos erreurs.

✝

N'exigeons point des autres ce que nous avons bien du mal à obtenir de nous-mêmes.

✝

C'est trop souvent au nom des plus grandes choses que les hommes commettent les plus grands excès.

✝

Ceux qui prêchent la liberté et qui semblent en faire leur Dieu sont souvent ceux qui la respectent le moins.

✝

Les petits journalistes du beau style sont assez générale-ment sans foi ni loi.

†

Les écrivains inférieurs, chez lesquels le parti-pris domine, sont ceux qui se piquent d'être les plus forts. Aussi placent-ils volontiers leurs convictions et leur orgueil au-dessus de la vérité et des devoirs de la conscience.

†

Un homme qui sait juger sainement ses œuvres est d'un mérite réel, car il sait mettre la vérité au-dessus de son orgueil et de sa satisfaction personnelle.

†

Les quelques talents superficiels que nous possédons, en différentes matières, ne sauraient nous autoriser à juger dans bien des questions à l'égard desquelles nous sommes tout-à-fait incompétents.

†

Le peu de goût de la plupart des écrivains de notre siècle prouve assez combien est inférieure la génération qui les entoure de son admiration.

On prend souvent pour de la distinction des manières, fausses qui ne sont que la comédie des convenances.

Nous cherchons trop à nous faire estimer par les plus fins détours, ou par des actions que la sincérité de notre conscience réprouve en nous.

A défaut d'esprit réel et de saillies spirituelles, les vaniteux qui ont envie de briller font des calembourgs.

†

Les sots qui sont affligés de la maladie des calembourgs,

ne peuvent plus s'arrêter à une conversation que dans ce qu'elle a de plaisant.

†

Aimons ceux qui nous font voir nos imperfections et nos vices, mais sachons les distinguer de ceux qui ne font paraître nos défauts que parce qu'ils en sont gênés.

†

Ne soutenons jamais les choses trop opiniâtrement. Ce que nous tenons pour vrai aujourd'hui peut être démontré faux demain. Et puis nous pouvons nous tromper nous-mêmes. Ce qui émane de l'être humain n'est souvent pas plus durable que la matière dont il est formé.

†

On n'est réellement fort que lorsqu'on sait placer les satisfactions de l'âme au-dessus de toutes les fatigues corporelles.

†

Pour être plus facilement maître de soi-même, on a besoin d'être sobre.

†

Il faut que les feux de notre âme activent ceux de notre corps. La domination de nos sens devient alors plus facile. Le contraire nous rend plus esclaves de nos passions.

†

Plus nous nous éloignons du centre de la vie, plus nous nous y attachons.

†

Les hommes ambitieux et les natures envieuses qui sont incapables d'efforts sur elles-mêmes, et que la fausseté de leurs jugements égare, ne sont jamais contents de personne, et encore moins d'eux-mêmes.

✝

L'homme sensé n'aime véritablement et d'une amitié solide et franche que ceux dont les conseils et les bons exemples ont contribué à le rendre meilleur.

✝

La philosophie de la science est une affirmation de la foi.

✝

L'estime entre les meilleurs amis ne peut exister qu'à la condition d'observer toujours un certain respect de soi-même.

✝

L'excès de familiarité est trop souvent l'avant-coureur de l'inimitié.

✝

La galanterie affectée, trop pressante, n'est qu'une sorte d'hypocrisie de convention, déguisée sous un voile charmant.

✝

Les gens sans consistance, qui plaisent de prime-abord, sont généralement ornés, extérieurement, d'un certain vernis superficiel qui réfléchit quelques rayons ; mais en y regardant de près, on n'aperçoit plus qu'un éclat factice qui s'affaiblit de plus en plus et finit par s'effacer complètement.

✝

Ne dévoilons jamais à un esprit mal doué ses imperfections ou ses défauts, ou faisons-le avec une extrême prudence, car l'inimitié pourrait bien devenir le châtiment de notre inhabileté.

✝

Le sentiment de la vérité est voilé à notre conscience toutes les fois que l'orgueil a pénétré dans notre cœur.

Les hommes sont très-habiles lorsqu'il s'agit de divulguer les défauts des autres, et très-peu équitables lorsqu'il s'agit de faire ressortir les qualités d'autrui.

Les gens de peu de jugement ne sont jamais si féconds en arguments, faux ou vrais, que quand ils parlent à des sots.

Les grandes âmes enthousiastes sont les rénovatrices de la foi et de la croyance qui s'éteint.

Le propre des beaux esprits est de rire des choses les plus sérieuses, et de tenter , par de petits mouvements d'orgueil, de s'élever au-dessus des croyances les plus respectables.

Il est toujours plus facile à un petit esprit d'être de l'avis de son voisin que de prendre la peine de se faire une opinion propre.

L'homme est naturellement enclin à parler mal de son semblable. Est-ce méchanceté ou intérêt personnel ? Est-ce dans l'espoir d'une comparaison meilleure pour lui ? Je crois assez volontiers que c'est l'un et l'autre.

Il est rare que l'intérêt ne soit pas le moteur principal des actions humaines.

J'admire volontiers les gens pauvres qui sont assez riches de vertus pour pouvoir s'élever jusqu'à Dieu.

Mieux vaut être le serviteur d'un homme de bien que l'égal d'un homme de rien.

✝

L'art de feindre n'est supportable et beau que lorsqu'il sert de voile à la modestie.

✝

Les relations quotidiennes avec le monde sont supportables tant que les intérêts ne s'en mêlent pas.

✝

La délicatesse n'existe pas dans l'âme de ceux dont les goûts sont bas et grossiers.

✝

Qu'est-ce que la vie moins le sentiment et la pensée?

✝

Une nature candide et pure est dite novice dans le monde corrompu où les choses les plus saintes sont les plus profanées.

✝

Le difficile n'est pas de nier, le tout est de prouver.

✝

Il est bon de voir le mal, mais il faut aussi voir le bien.

✝

Plus la vie nous a causé de peine, plus nous l'aimons.

✝

La vieillesse sera respectée lorsqu'elle saura porter avec dignité le nombre de ses années et ses cheveux blancs.

✝

Pourquoi cacher par de vains artifices ce que le temps a si bien imprimé sur notre front ?

J'ai appris en Norvége que les peuples sont souvent plus heureux en raison de la liberté qu'ils croient tenir, qu'en raison de celle qu'ils possèdent réellement.

Ce qui semble paradoxal au premier moment peut devenir, pour un observateur réfléchi, la source d'une grande vérité.

La satisfaction du devoir accompli doit nous mettre au-dessus du jugement des hommes.

Les bons livres sont nos meilleurs amis.

Le Français parle beaucoup, mais agit peu conformément à ses maximes; et soit orgueil ou intérêt, il cache la vérité et exprime bien souvent ce qu'au fond il ne pense pas.

Il est bien plus facile de démolir un ordre de choses que de donner sûrement les moyens d'en reconstruire un meilleur.

Point n'est besoin de parler des bonnes qualités des hommes; ils ne savent que trop reconnaître le peu de bien qu'ils font et ne voient pas assez le mal dont ils sont la cause.

†

Certains esprits bas et rampants sont semblables à la matière d'un bel instrument, agréable à la vue, mais dont l'âme est mauvaise et faussée.

Les sens transmettent fidèlement à l'âme l'impression qu'ils ont reçue des objets.

†

L'intelligence et la raison sont les tribunaux devant lesquels est jugée l'action des objets sur nos sens.

†

Chez un peuple, le défaut d'unité dans les idées ne peut qu'engendrer la discorde.

†

Le désaccord ne règne entre deux partis que quand l'un ou l'autre manque d'instruction ou d'expérience.

C'est le 12 mars, c'est-à-dire huit jours avant d'exhaler son dernier soupir, qu'Alfred demanda le digne prêtre qui l'avait élevé, ainsi que son frère Georges, au pensionnat de Bon-Secours près Rouen.

Le matin de ce jour, Alfred témoigna à son père, dans les termes les plus touchants, qu'il désespérait de sa situation.

Sur la proposition de son père, il entendit quelques lectures sérieuses, et entre autres ces réflexions de M. de Lamartine à propos de Goëthe :

« Les grands hommes sont comme les grands monuments ; on ne les voit pas d'un coup d'œil, on ne les juge pas d'un seul mot. Il faut y revenir une fois, deux fois, trois fois, chaque fois, en un mot, qu'un nouvel écho échappé de leur tombe nous rappelle leur nom ou leur pensée par une de leurs œuvres posthumes ou par les confidences rétrospectives d'un de leurs familiers. Le temps les effeuille comme leurs actes et leurs ouvrages à chaque période de leur existence, à chaque année de leur vie. Leurs opinions, modifiées par les circonstances, changent selon qu'ils ont acquis plus ou moins d'expérience par leur contact avec le temps. Qui pourrait dire si Napoléon, à Sainte-Hélène, pensait juste comme Napoléon à Marengo, ou même comme Napoléon à l'île d'Elbe? Qui pourrait dire si lord Byron, mort à trente-sept ans, aurait pensé à soixante-dix ans ce qu'il avait écrit à vingt-sept ans en Ecosse? Qui oserait affirmer que Schiller, écrivant le drame des *Brigands* à vingt-deux ans, ce drame corrupteur de la moralité publique, l'aurait encore écrit, de sa plume refroidie, à l'âge fait où il écrivait ses belles œuvres savantes et morales, à son âge mûr? Qui pourrait dire enfin si Goëthe, l'homme essentiellement et véritablement progressif, qui doutait de tout, même de Dieu et de l'immortalité, à vingt-huit ans, aurait écrit, à quatre-vingt-deux ans, le portrait de *Faust*, le héros du scepticisme? Non, les jugements du premier coup sont des impressions et non des jugements ; autrement, il faudrait convenir que l'existence, la réflexion, l'expérience des hommes, sont de vains mots qui n'ont aucune influence, aucun amendement, aucun progrès à nous apporter, et que Dieu, en nous accordant le temps, ce grand révélateur de la vérité en tout genre, ne nous a donné qu'une déception dont nous n'avions aucun besoin pour être plus éclairés et plus sages qu'à notre premier mot dans la vie. Ce serait le blasphème contre la Providence ; la Providence des grands hommes, c'est la vie, c'est la réflexion, c'est l'expérience, c'est le repentir. Qui oserait enlever le repentir aux plus grands hommes? Ce serait enlever à l'humanité toutes ses améliorations. »

Quelques instants après cette lecture, entendue avec un pieux recueillement, le pauvre malade recevait d'un homme d'intelligence et de cœur qui a été son meilleur ami, son conseiller intime et le plus dévoué, une lettre qui doit trouver place ici, à raison de l'influence qu'elle a dû exercer sur les derniers actes de la vie d'Alfred.

« Naples, le 6 Mars 1866.

» ......... Que vous dirai-je de moi?

» J'essaye de mettre à profit mon voyage. Les impressions poétiques nourrissent et fécondent mon imagination ; en même temps, mon esprit se remplit d'idées nouvelles.

» Rome m'a beaucoup appris ; je n'ai pas vu sans profit les œuvres des grands artistes du XVIe siècle, de Michel-Ange et de Raphaël. Quels hommes, mon ami, et que la pensée chrétienne a été heureuse de trouver de tels interprètes !

» Je voudrais que vous vissiez seulement une statue que j'admirais l'autre jour. C'est un Christ de Michel-Ange. L'homme-Dieu, absolument nu, se présente tenant d'une main la croix, instrument de son supplice, la corde dont on l'a lié et le roseau dont on l'a battu. Son autre main montre aux hommes ces objets ignominieux, tandis que son regard doux et triste semble leur dire : Voilà comme vous m'avez traité !

» Vous ne vous faites pas idée de la beauté de cette figure. L'artiste a su joindre la force, qui convient à un Dieu ; à cette beauté presque féminine qui est celle des âmes tendres. Admirable religion qui a rendu possibles des œuvres si merveilleuses !

» Ce long commerce avec les grands artistes de la Renaissance m'a profondément ému. Ces esprits supérieurs m'en ont beaucoup appris sur la vie.

» Vous savez, mon cher Alfred, quel profond respect j'ai toujours eu pour le Christianisme considéré dans son essence. Ce respect s'augmente à mesure que je marche. Il faut être aveugle ou de mauvaise foi pour nier qu'il ait admirablement compris la nature humaine. Si c'est une œuvre des hommes, il faut convenir que c'est la plus admirable de toutes. Briau m'a toujours appelé enfant de Voltaire : pas tant qu'il croit ! J'ai éprouvé parfois des impulsions si fécondes et si douces que je croyais sentir s'opérer en moi le miracle de la foi.

» Je ne m'étendrai pas plus sur cette question si délicate ; je dirai pourtant un dernier mot pour conclure : La vie n'est qu'une misérable chose sans la croyance en Dieu. Dans la prospérité, elle n'a d'autre mobile qu'un orgueil insensé ; dans le malheur et dans la souffrance, elle manque entièrement de raison d'être et se termine dans un affreux désespoir. Observez les âmes saines et droites, mon bon ami : quand tout va bien, elles se contentent assez souvent de pratiquer le bien, sans songer à celui qui l'ordonne ; quand la douleur survient, l'auteur de la loi morale se révèle à l'honnête homme. Tenez, mon cher Alfred, pour avoir la science suprême, il ne suffit pas de lire de gros volumes ; ce n'est même pas assez de pratiquer la morale : il faut encore avoir souffert. Dieu ne se découvre qu'aux affligés.

» Pardonnez-moi, mon cher ami, de vous tenir un discours qui ressemble à une prédication. Je n'ai point pris garde à ce que je disais et j'ai suivi mon cœur sans réflexion. C'est une preuve que je vous aime.

» Pensez quelquefois à moi et écrivez-moi si vous pouvez. Je vous embrasse de cœur.

» Votre ami ,<br>» Léon VAQUEZ. »

✝

Quelques heures après avoir reçu cette lettre si simple, si affectueuse, si touchante et si belle, le pauvre Alfred était dans les bras du vénérable prêtre, du digne vieillard qu'il aimait tant, qui avait si puissamment contribué à développer son cœur lorsqu'il était enfant, et qui, depuis, avait été si souvent le confident des premières douleurs et des premières espérances de son jeune ami.

A trois heures, une œuvre de réconciliation pieuse avec Dieu venait de s'accomplir.

✝

Pendant les cinq jours qui suivirent, aucun changement notable ne se manifesta. Toujours le même calme avec ses amis, la même lucidité parfaite en toutes choses ; les mêmes projets, les mêmes espérances . la même foi en l'avenir , les mêmes entretiens d'affaires, d'intérêts, de travaux intéressants de chimie agricole commencés et à continuer.

✝

*Le Vendredi* 16, à la suite d'un violent accès d'étouffement :

— Ah ! ma pauvre mère ! j'ai bien cru que tout allait être fini. — Donne-moi le Christ, que je l'embrasse.

Un peu plus tard, il suspendit à son cou le Christ de sa mère que son pauvre frère avait aussi pressé sur ses lèvres et sur son cœur huit mois auparavant, dans les mêmes circonstances et pour la dernière fois.

Ce ne fut qu'à partir de la journée du 17 qu'Alfred pressentit réellement sa fin , tout en continuant à ignorer complètement la nature de sa maladie.

— Oh ! mon pauvre père , tu vas être seul et bien malheureux!.... Ma pauvre mère, il te faudra bien du courage,... comme à moi !

Il eut alors de doux épanchements, ouvrit son cœur, et s'abandonna tout entier dans les confidences les plus intimes.

Dans l'après-midi , il fit changer son lit de place et ouvrir la fenêtre d'une pièce contiguë à sa chambre, qu'un rayon de soleil vint éclairer directement :

— Oh ! le beau soleil,.. et je n'en jouirai plus.—Quel air pur ! — Oh ! que c'est bon ; jamais je ne me suis senti si bien. — Il faudra remarquer la place où je suis ; je serais désolé de ne pas retrouver mon petit courant d'air. Père, sens-tu mon courant ? — Quelle douce brise ! c'est de l'air électrisé...... Donne-moi la glace !.. Pas d'illusions, je veux savoir... Donne-la moi, j'y tiens... C'est bien cela... Mes lèvres se décolorent, mes yeux s'enfoncent, mes tempes sont bien creuses...

Et il rendit la glace sans avoir manifesté la moindre émotion, sans laisser apercevoir une larme dans ses yeux.

Un instant après :

— Où est père !.. Ah ! que c'est bon !..

— Qu'éprouves-tu ?

— Un grand bien-être... Je n'ai jamais ressenti cela... Je pousse de bons grands soupirs... Comme c'est bon !

— Que sens-tu ?

— Un courant frais et pur, quelque chose d'inexprimable. Je revis.

En voyant son père consoler sa pauvre vieille mère :

— Ah ! finissez donc... — Je ne sais d'où me vient cette bonne brise... Oh ! oh ! je vis trop... Je n'ai jamais autant vécu... — Ne pleure pas, père !

— C'est que je suis heureux, mon cher enfant , du bien-être que tu éprouves.

— Oh ! oui ; vois comme nous sommes tranquilles. — En échange de la souffrance continuelle, cela fait plaisir ; je l'apprécie d'autant mieux... C'était ce que j'avais de meilleur, l'appétit...

— Espère, mon enfant, il reviendra !

— Oui, si la nature pouvait lutter; mais elle ne luttera pas!... — On est si facilement heureux quand on a souffert long-temps... Par là, c'est de l'air pur qui m'arrive... — Je ne sais pas ce que j'ai tout-à-coup ; je ressens... Mon estomac n'a pas l'air content...

✝

*Samedi soir,* 17 *Mars,* en embrassant le Christ qu'il tenait sur sa poitrine :

— O mon Dieu ! soulagez mes souffrances ; je veux bien aller à vous, mais un peu de répit !...

*La nuit du 17 au 18 Mars* fut des plus pénibles, des plus déchirantes. Il embrassait le Christ avec une pieuse vénération , et fit, dans un élan sublime qui ne peut être raconté ici, un acte de foi plein d'énergie et de tendresse.

*Dimanche matin, 6 heures.*

— O père ! que je suis malade !... que c'est long avant de mourir !...

— Ne parle pas comme cela, mon cher enfant, je t'en conjure.

— Oh ! si, je n'ai plus d'espérance... plus d'espoir !..

Il fit approcher son lit contre la fenêtre.

*Dans la journée du Dimanche :*

— Est-ce qu'il fait encore du beau soleil?... Il devrait bien venir me dire bonjour... Où est-il ?

— Tu le verras bientôt ; tu en jouiras au printemps.

— Je ne crois plus à cela.

( A son cousin Henry qui a recueilli toutes ces paroles et qui vient d'ouvrir la fenêtre de la chambre voisine : )

— Ah ! tu m'apportes de l'air pur. J'ai peur des courants d'air froids. ( On referme la fenêtre. ) — Je le sens tamiser tout de même... Ça m'altère, par exemple... Il y a des moments où je vis trop. — Oh ! ça me fait un effet, je suis oppressé. L'air est trop pur... La première fois que je descendrai, je serai capable de me trouver mal dans les escaliers ; l'air sera trop pur pour moi. — Eh bien ! bonne maman, ça va-t-il ?

— Oui, mon cher enfant, et si je pleure, c'est parce que je suis heureuse de te voir soulagé.

— Oh ! oui, car j'ai été bien mal cette nuit, j'ai bien souffert.
— Sais-tu ce que j'ai envie de faire ? Je me sens très-bien ; j'ai
envie de me lever... Si je pouvais soigner les autres, me donner
une satisfaction comme celle-là... C'est dur, mais c'est encore
du bonheur. On ne sait pas cela quand on n'a pas souffert !...

A sa mère :

— Toi, ma pauvre mère, tu as bien souffert.

A son père :

— Je voudrais avoir la glace..... Donne-la moi. Si je veux
voir , c'est que je n'ai point peur........ Il faut dire à M. le
Curé qu'il revienne ; je veux qu'il revienne. Télégraphie-lui pour
midi, il pourra être ici à trois ou quatre heures. Je veux qu'il
soit là !.... Oh ! mon Dieu, venez à mon aide, en attendant que
j'aille à vous ! Secourez moi, je souffre tant !..

Quelques instants plus tard, le cher malade recevait de M. le
Curé de Bon-Secours un Christ qu'il a échangé pour toujours
contre celui de sa pauvre mère, mais après l'avoir embrassé une
dernière fois. Puis il fit monter deux de ses amis venus pour
lui dire un éternel adieu.

✝

*La journée du Lundi* se passa, sans incident, dans une immo-
bilité presque complète, qui a dû être du recueillement.

Cherchant une dernière fois le ciel et la verdure, le pauvre
Alfred parla peu. Il paraissait absorbé dans une sorte de contem-
plation. Ses yeux reflétaient une expression de mélancolie
plaintive des plus touchantes. La vue du ciel bleu et des
bourgeons naissants lui arracha quelques paroles de regret et
de pénibles soupirs :

— Que c'est beau, tout cela !..

Et des émotions profondes se peignirent sur son visage.....

✝

*Mardi matin 20 Mars* ( JOUR DU PRINTEMPS. ) — Depuis

trois jours, les symptômes avant-coureurs de la mort s'étaient manifestés de manière à ne plus laisser l'ombre d'un doute sur l'imminence d'une fin prochaine.

Un changement effrayant venait de s'opérer pendant la nuit , et le cher enfant disait, dès six heures du matin , avec un douloureux accent de tristesse et de conviction :

— Oh ! ça va bien mal !..

Le pouls seul conservait une vigueur étonnante, mais qui, tout en témoignant d'une grande force de vitalité, devait précisément faire craindre une crise affreuse avant le moment suprême. Elle se déclara vers neuf heures, sous l'influence d'une cause légère, et fut des plus déchirantes. Elle dura près de deux heures, qui furent les seuls instants durant lesquels le pauvre malade perdit tout sentiment.

Quelques minutes avant, il ordonnait de faire monter son ami Denois , élève comme lui du pensionnat de Bon-Secours. Ils purent encore échanger de doux souvenirs et de tristes adieux.

La crise provoqua une lutte hideuse , mais la mort ne devait pas encore l'emporter sur la vie.

Un peu avant 11 heures, des mouvements instinctifs se manifestèrent ; puis, à défaut de paroles, des gestes. Le premier fut de tenter l'introduction du Christ dans la bouche. Personne ne comprit d'abord. Le même mouvement fut répété plusieurs fois. On prononça le nom d'un prêtre, et un signe affirmatif ne permit plus de douter des dernières intentions.

La parole revint difficilement. Le pauvre malade entendait et ne voyait pas. Il fit de grands efforts pour faire comprendre que le sentiment et la vie lui revenaient. Il appela successivement toutes les personnes présentes, auxquelles il tendit la main.

Quelques minutes après, l'esprit recouvrait toute sa plénitude.

Le pouls était alors d'une faiblesse extrême, et le visage était profondément bouleversé. La dernière heure allait sonner ! .

— Renvoyez, dit-il, près de M. Guerald, et faites-lui dire qu'il se hâte, le temps presse.... Allez vite !

Bientôt, le digne prêtre de Sainte-Marie administrait au pieux malade la sainte communion.

L'intelligence et la raison s'illuminèrent dans un nouvel élan de la foi. A cette dernière résurrection de l'âme devaient succéder les derniers mouvements du cœur. Chacun put recevoir, dans une douloureuse étreinte, un éternel adieu.

Jusqu'à la dernière minute, même lucidité, même calme, même dignité, même énergie, et même résignation en face de la mort. Pas une larme.

— Bientôt, mon pauvre Denois, je serai là-haut, je prierai Dieu pour toi !.. pour vous tous !!!

Chacun put admirer son mâle courage. Il appela ses amis absents.

— Vous pleurez tous, agenouillez-vous plutôt autour de mon lit et priez...... Je vais aller retrouver mon Georges !.. Oh ! la médecine, elle est impuissante et ne peut rien !.. Il faut que je meure !!!..

Réunissant les mains de son père et de sa mère :

— Consolez-vous l'un l'autre !...

Et s'adressant à sa pauvre vieille grand'mère :

— Ne pleure pas, bonne maman !...

L'émotion le gagnant visiblement, il s'écria :

— Retirez-vous tous, laissez-moi mourir en paix !!!...

Son père lui rappela la plus belle action de sa vie et lui ajouta :

— Dieu t'en tiendra compte, mon cher enfant.

Il y répondit en embrassant le Christ une dernière fois , puis le portrait de son pauvre frère , et ajouta encore :

— Laissez-moi mourir en paix !!!

Ce furent ses dernières paroles.

Bientôt, il s'endormit paisiblement. Quelques minutes plus tard , les inspirations se ralentirent et devinrent de plus en plus faibles.

A midi dix minutes , il exhalait son dernier soupir et retournait à Dieu !!!

L'expérience de la vie ne s'acquiert trop souvent qu'au prix
de malheurs irréparables. Ceux qui viennent de me frapper, et
qui ont motivé la triste relation qu'on vient de lire, renferment
d'utiles enseignements que je dois signaler à ceux des amis de
de mes enfants qui seront un jour pères de famille.

Il y a en médecine des idées toutes faites et des choses d'habi-
tude auxquelles on a tort de ne pas prendre garde. Il semble
qu'il n'est pas besoin d'y réfléchir. Personne n'y songe, parce
que tout le monde en masse les a acceptées, même de la façon
la plus aveugle, la plus passive, c'est-à-dire sans y avoir jamais
pensé une seule fois, un seul instant. A quoi nous sert donc
cette faculté merveilleuse que Dieu a mise en nous et qui doit
nous éclairer dans les circonstances les plus graves de la vie ?

A moins d'un vice organique bien caractérisé, ou d'une affection
héréditaire, ou d'une maladie réellement contagieuse, il n'est pas
naturel de mourir à 20 ans, ou alors la cause est purement
accidentelle.

Je ne suis pas médecin, mais je crois pouvoir affirmer que
tant que la médecine ne sera qu'une science conjecturale, impuissante à remonter des effets aux causes et à prouver sérieusement, elle devra laisser le champ libre aux recherches inspirées
par des motifs d'humanité et respecter tout ce qui, dans l'état

actuel des choses, ne peut s'appuyer, comme elle, que sur le raisonnement. En dehors des diagnostics, la médecine n'est qu'une affaire de raisonnement. Ce n'est pas là un paradoxe, c'est un fait.

En remontant à deux générations dans les ascendants paternels et maternels des deux familles desquelles mes enfants étaient issus, je n'ai pu retrouver trace de l'affreuse maladie qui vient de me les enlever à huit mois d'intervalle.

Les aïeux de mes enfants étaient des hommes champêtres, de simples et bons villageois, de beaux vieillards morts de 70 à 80, et même 90 ans, tous de constitution saine et robuste, dont le souvenir vit encore là où ils ont vécu.

Jusqu'à 13 ans, Alfred et Georges ont été élevés en Normandie, au village, dans les meilleures conditions d'hygiène et de salubrité.

A Paris, ils n'ont cessé de vivre, avec nous, de la vie de famille, au milieu de la verdure, presque comme à la campagne, et entourés des soins maternels de la plus touchante sollicitude.

Ils n'ont pas été élevés mollement, mais presque militairement. Alfred a partagé avec moi, avec de réels avantages pour sa santé et pour son jugement, une dure campagne de Norvége qui m'a mis à même de découvrir en lui des qualités que je ne lui connaissais pas.

Personne, assurément, parmi ceux qui ont connu mes enfants, n'aurait pu croire à la possibilité d'une fin prématurée. Leur conformation était irréprochable. Jamais leur santé n'avait éprouvé d'atteinte sérieuse pouvant permettre de pronostiquer une mort prochaine.

Outre les forces matérielles qui avaient été aidées dans leur premier développement par la gymnastique, l'escrime et la natation, et qui étaient si nettement accusées chez Georges surtout, le développement des idées et l'énergie morale si fortement accentuée chez chacun d'eux, témoignaient d'un grand fonds de vitalité. A la chaleur de leurs aspirations, à l'ardeur et à l'entrain général qui caractérise si bien la jeunesse, on sentait la vie ; elle débordait en eux.

Il n'y a rien de tout cela dans les constitutions débiles et maladives, et particulièrement dans celles chez lesquelles la phthisie pulmonaire est un mal héréditaire. La cause de la maladie a donc été purement accidentelle, c'est à n'en pas douter, et quand je considère le nombre des victimes que cette affreuse maladie fait partout aujourd'hui, au village aussi bien qu'à la ville, chez les favoris de la fortune comme chez les malheureux, la violence avec laquelle elle se déclare sous l'influence des circonstances les plus ordinaires de la vie, je ne puis me refuser à admettre une cause générale, encore mal définie peut-être, mais contre laquelle, certainement, il existe les indices les plus graves. Il ne saurait y avoir d'effet général sans cause générale.

J'ai horreur des idées préconçues qui enfantent les systèmes et qui aboutissent presque toujours à l'absurdité de l'absolu ; mais quand je songe à la légèreté avec laquelle on a accepté, à l'origine, la mise en pratique de la vaccine, à l'égard de laquelle les plus vulgaires notions de prudence commandaient une bien longue et bien attentive observation des faits avant de conclure, et surtout quand je vois l'imprudence avec laquelle on inocule journellement à de jeunes enfants le virus du vaccin, pris trop souvent sur des sujets inconnus, ou au moins sans souci de la souche d'où ils proviennent, et qui peuvent porter en eux le germe d'une maladie aussi terrible que la phthisie pulmonaire, j'en suis épouvanté, et avec d'autant plus de raison, il me semble, que, précisément, le vaccin a toujours pour résultat d'empêcher un travail tout naturel, une expulsion au dehors, et, au contraire, de concentrer dans l'individu tout ce qui veut en sortir, de s'opposer, en un mot, aux efforts que fait la nature pour procéder par voie d'élimination, afin de porter du dedans au dehors, à la faveur d'une maladie éruptive, ce que la première période de formation laisse d'impur dans l'organisme de tous les jeunes enfants. Aujourd'hui, des marchands vendent du vaccin. Quant à la provenance, on ne s'en occupe pas, on sait simplement qu'on vaccine.

Je déplorerai amèrement, toute ma vie, d'avoir subi aveuglément l'entraînement général en faisant vacciner mes enfants, d'avoir ignoré alors ce que j'ai appris depuis, avec une bien douloureuse surprise, et qui me semble tellement sérieux qu'il est impossible de le laisser ignorer à des amis.

*Jenner lui-même s'est bien gardé de faire vacciner son propre fils. Gregory, l'un des émules les plus ardents de l'idée de Jenner, en fit autant. Non-seulement il ne vaccina pas ses enfants, mais, à l'exemple personnel de Jenner*, IL LEUR INOCULA LA VARIOLE.

Ces faits, extrêmement graves, sont mentionnés en toutes lettres dans un ouvrage spécial sur ce sujet et ayant pour titre : *De la Dégénérescence physique et morale de l'espèce humaine déterminée par le vaccin*, par le docteur Verdé-Delisle, ouvrage édité en 1855 chez Charpentier, rue de l'Université, 39. Prix, 3 f.

Je n'ai pas qualité pour faire valoir ici un système qui me semble laisser beaucoup à désirer parce qu'il lui reste beaucoup à prouver. Je dis simplement qu'il révèle des faits d'une notoriété incontestable et d'une très-grande gravité, qui doivent provoquer, de la part des pères de famille, les plus sérieuses réflexions avant d'exposer leurs enfants aux dangers que peuvent entraîner les suites de la vaccine.

Je ne prends pas parti dans la question médicale, je constate simplement des faits, et j'ajoute que, dans un travail statistique ( *Essai de mortalité comparée avant et depuis l'introduction de la vaccine en France.* Autun, 1849 ), M. N. Carnot, officier d'artillerie, a produit des chiffres qui l'ont conduit à formuler cette conclusion : « ... *La mort prélève* » *aujourd'hui, sur la jeunesse laborieuse et féconde, le tribut* » *que la petite vérole imposait autrefois à l'enfance.*

» *Tel a été pour la France le résultat de la découverte de* » *Jenner :*

» LA MORTALITÉ, DANS L'AGE LE VINGT A VINGT-CINQ ANS, » A AUGMENTÉ DE MOITIÉ DEPUIS TRENTE ANS. »

En 1839, le docteur Verdé-Delisle, attribuant déjà à la vaccine les mêmes influences meurtrières, s'exprimait ainsi : « ... Le nombre des jeunes gens qui succombent aujourd'hui » à l'âge de dix-neuf à vingt-cinq ans est augmenté dans » une proportion triple. » ( *De la petite Vérole considérée comme agent thérapeutique des affections scrofuleuses et tuberculeuses*. Paris, page 112.) Tout cela est trop sérieux pour rester ignoré plus longtemps.

Il est bien certain qu'à l'origine de l'idée de Jenner, on a pris parti pour la vaccine avec un engouement irréfléchi, c'est-à-dire avant d'être fixé, par une longue expérience, sur les résultats définitifs que le temps *seul* pouvait révéler. C'est là un fait historique indéniable. Aujourd'hui, **des faits très-graves** se manifestent partout.

Il faut y songer. L'avenir est engagé là. Fasse le ciel qu'on n'attende pas de nombreux et irréparables malheurs avant de s'occuper sérieusement de cette question ! Que ceux qui sont avertis et qui peuvent s'éclairer dès maintenant n'attendent pas qu'une lumière officielle sorte de tous ces tombeaux ! C'est beaucoup trop du mal déjà fait et de toutes les victimes dont les dernières paroles sont presque un cri de malédiction contre la médecine, si souvent et si justement compromise.

Puisse cet avertissement éclairer ceux des amis de mes pauvres enfants qui seront pères un jour, et leur épargner dans l'avenir d'aussi cruels chagrins que ceux qui viennent de m'accabler et qui couvriront le reste de mes jours d'un deuil éternel !

P. ROHART.

Reims, Imprimerie de P. DUBOIS & Cie, rue Pluche, 24.